N° K
16694

LA PHILOSOPHIE GRECQUE

AVANT SOCRATE

EXTRAIT DU COMPTE RENDU
De l'Académie des sciences morales et politiques
(INSTITUT DE FRANCE)
PAR MM. HENRY VERGÉ ET P. DE BOUTAREL
Sous la direction de M. le Secrétaire perpétuel de l'Académie

TABLEAU HISTORIQUE

DE LA PHILOSOPHIE GRECQUE

AVANT SOCRATE

PAR

M. CHARLES WADDINGTON

MEMBRE DE L'INSTITUT

PARIS

ALPHONSE PICARD ET FILS, ÉDITEURS

82, RUE BONAPARTE, 82

—

1900

TABLEAU HISTORIQUE
DE LA PHILOSOPHIE GRECQUE

AVANT SOCRATE

I

INTRODUCTION

Si les Grecs n'ont point créé la philosophie, ce sont eux du moins qui lui ont donné son nom. Aucune nation ne l'a cultivée avec autant d'ardeur : pendant douze siècles, ils ont enfanté sans interruption des systèmes dont l'étude offre aux philosophes un spectacle varié, aussi instructif qu'intéressant. Socrate y apparaît comme un point central et lumineux, qui éclaire tout ce qui est venu après lui, en laissant dans l'ombre ce qui l'a précédé.

Depuis Bayle, et surtout depuis Brucker, qu'on peut appeler le père de l'histoire de la philosophie, de nombreux savants se sont appliqués, soit à scruter les origines de la philosophie grecque, soit à en comprendre la suite et le développement durant la période qui s'étend de Thalès à Socrate, et qui a reçu le nom de période cosmologique. Ils y ont distingué des familles ou des groupes de philosophes, en les classant, tantôt d'après les pays ou les races auxquels ils appartenaient, tantôt d'après la nature de leurs recherches, mais aussi et surtout d'après leurs doctrines et leurs diverses tendances. Peu à peu il s'est établi une sorte d'accord entre érudits et philosophes pour reconnaître quatre ou cinq écoles, qui se seraient succédé à peu près dans l'ordre suivant : 1° Les physiciens d'Ionie ; 2° les pythagoriciens ; 3° les éléates ; 4° les atomistes ; 5° les sophistes.

Sans contester que ces distinctions répondent à des faits réels, il est permis de penser qu'elles ne sont pas à l'abri de toute critique. N'est-il pas notoire, par exemple, que Thalès et Anaximandre, Pythagore et Xénophane, Leucippe, Protagoras, c'est-à-dire les chefs ou fondateurs de ces écoles, étaient tous Ioniens de naissance, et dès lors est-on en droit de réserver exclusivement à une seule de ces écoles le nom d'école ionienne ? La question des races, dont on a fait tant de bruit naguère, n'a pas ici d'application utile, ni même légitime, non plus que la différence des lieux : car tous les systèmes ont rencontré des partisans en Ionie et en Grande Grèce, à Athènes et en Sicile, sur tous les points du monde hellénique, dans les îles et sur le continent. Enfin, il est incontestable qu'avant Socrate et les sophistes, les philosophes grecs se sont tous adonnés à la physique, dans le sens le plus général de ce mot, inventé après eux (1).

D'un autre côté, à supposer qu'on doive considérer comme des écoles proprement dites les groupes de philosophes qu'on vient d'énumérer, il n'en résulte pas qu'il soit d'une bonne méthode d'étudier à part chacune d'elles, sans tenir compte de leurs dates relatives et de l'influence qu'elles ont pu exercer l'une sur l'autre. Si la géographie peut être impunément négligée dans le domaine de la pensée, il n'en est pas de même de la chronologie, condition première et essentielle de l'histoire, qu'il s'agisse des

_____
(1) Les mots φυσική et φυσικός ne se lisent pas une fois à ma connaissance dans les écrits authentiques de Xénophon et de Platon. C'est Aristote qui paraît avoir été le premier à les employer.

phénomènes visibles ou des créations de l'esprit. Or, c'est précisément à l'oubli de cette condition qu'il faut attribuer la plupart des idées fausses ou inexactes que je voudrais essayer de rectifier, en traitant de la succession des philosophes et de la filiation des systèmes pendant la période anté-socratique.

Presque tous ceux qui ont entrepris cette étude se sont proposé avec raison de prendre pour guide Aristote. Quoique les dialogues de Platon contiennent çà et là des indications précieuses sur tel ou tel de ses prédécesseurs, il n'annonce nulle part l'intention de faire une revue des anciens systèmes. Aristote est le premier qui se soit donné cette tâche, soit à propos d'une étude spéciale, comme dans le traité *De l'âme*, ou dans le *Politique*, soit en abordant les problèmes fondamentaux de la philosophie, comme au début de la *Métaphysique*. Il s'imposait en effet cette règle de méthode en toute recherche, de consulter d'abord ses devanciers, afin de constater l'état de la question, les résultats acquis et les desiderata de la science. C'est en s'appuyant sur l'autorité d'Aristote, mais en détournant plus d'une fois de leur véritable sens certains passages de ses écrits, que les historiens anciens ou modernes de la philosophie ont réparti les philosophes antérieurs à Socrate, tantôt entre l'école ionienne fondée par Thalès et l'école italique issue de Pythagore, tantôt entre quatre, cinq ou même six écoles, qu'Aristote ne distinguait certainement pas avec cette précision. Aussi bien procédait-il moins en historien qu'en philosophe, quand il exposait et appréciait les opinions des philosophes, et c'est par une véritable méprise qu'on a cru voir des rapports de maîtres à disciples là où il ne s'agissait pour lui que de simples rapprochements entre des doctrines dont la ressemblance n'est même pas toujours très frappante. Sans doute son souci habituel de l'exactitude ne lui permet pas d'intervertir l'ordre des temps ; mais, même en s'y conformant, il lui arrive de citer à côté l'un de l'autre des personnages qui vivaient dans des siècles différents, comme Thalès, par exemple, et Hippon, ou bien Hésiode et Parménide. Quelquefois, au contraire, il marque avec une grande précision l'ordre de succession de deux philosophes d'ailleurs très différents : « Empédocle, dit-il, était plus jeune qu'Anaxagore ; mais il le précéda comme écrivain. » Il est à remarquer enfin que jamais Aristote ne donne une liste chronologique de philosophes.

La plus ancienne liste de ce genre qui nous ait été conservée est due à Cicéron. Le même écrivain qui, dans les *Académiques*, passe en revue et caractérise avec un soin si minutieux tous les successeurs de Platon à l'Académie pendant trois siècles (1), a exposé et discuté dans le *De natura deorum* (2), en allant de Thalès à Chrysippe et à son disciple Diogène de Babylone, les doctrines théologiques de vingt-sept philosophes, entre lesquels il semble s'être appliqué, peut-être d'après Philodème, à suivre scrupuleusement l'ordre des dates. Douze de ces philosophes passent pour être antérieurs à Socrate, et si cette liste est conforme à la chronologie, c'est un document qu'on aurait tort de négliger, et qui mérite d'être pris en très sérieuse considération. En premier lieu viennent quatre philosophes ioniens choisis entre tous, savoir d'abord Thalès et Anaximandre, et plus tard (*post*) Anaximène et « son disciple Anaxagore ». Cicéron passe ensuite à des philosophes que les érudits de son temps rattachaient à l'école italique. Il commence par Alcméon qui, étant de Crotone, habitait évidemment cette ville avant que Pythagore vînt s'y installer dans un âge déjà avancé (3). Il nomme ensuite Pythagore, puis (*tum*) Xénophane, Parménide, Empédocle, Protagoras, Démocrite, et enfin Diogène d'Apollonie.

---

(1) Voir plus loin, chap. IV.
(2) Livre I, chap. VII-X.
(3) Cf. Aristote, *Métaph*. I, 5, 986, 29-30.

Du premier coup d'œil jeté sur cette liste, on voit combien, pour ces douze philosophes, la chronologie adoptée par Cicéron et ses contemporains est différente de celle des modernes historiens de la philosophie (1). Son exposé historique est très incomplet, j'en conviens, et l'on s'en étonnerait à bon droit, s'il s'était proposé de n'omettre personne, ce qui n'est pas. On n'y trouve pas non plus un témoignage précis sur la filiation des doctrines, et, quant à la critique qui en est faite par l'épicurien Velléius au premier livre du *De natura deorum*, je me contente de faire remarquer que Cicéron y répond dans le second livre par la bouche du stoïcien Balbus. Ce qui me paraît digne d'attention, je le répète, ce sont les indications que donne ici sur la succession historique de plusieurs des plus anciens philosophes grecs, un écrivain aussi bien informé que l'était Cicéron.

J'omets à dessein le traité de Plutarque *De placitis phi-*

---

(1) Voici l'ordre dans lequel Tennemann, V. Cousin, H. Ritter, Ed. Zeller, entre autres, étudient les philosophes qu'ils regardent comme antérieurs à Socrate :

Tennemann : 1° Thalès, Anaximandre, Anaximène ; — 2° Pythagore, Alcméon, etc.; — 3° Xénophane, Parménide, Mélissus, Zénon ; — 4° Héraclite ; — 5° Leucippe, Démocrite, Empédocle ; — 6° Héraclite, Anaxagore, Diogène d'Apollonie, Archélaüs ; — 7° Gorgias, Protagoras, etc.

V. Cousin : 1° Thalès, Anaximandre, Anaximène, Diogène, Héraclite ; — 2° Leucippe et Démocrite ; — 3° Pythagore ; — 4° Les Éléates ; — 5° Empédocle, Anaxagore ; — 6° Les sophistes.

H. Ritter : 1° Ioniens, *a*) Thalès, Hippon, Anaximène, Diogène d'Apollonie, Héraclite ; *b*) Anaximandre, Anaxagore, Archélaüs ; — 2° Pythagore, etc.; — 3° Xénophane, Parménide, Zénon, Mélissus, Empédocle ; — 4° Leucippe et Démocrite ; — 5° Protagoras, Gorgias, Euthydème.

Ed. Zeller : 1° Thalès, Anaximandre, Anaximène, Hippon, Idée, Diogène d'Appollonie ; — 2° Pythagore, Alcméon, etc.; — 3° Les Éléates ; — 4° *a*) Héraclite ; *b*) Empédocle ; *c*) Leucippe et Démocrite ; *d*) Anaxagore ; — 5° les sophistes.

losophorum, et l'auteur, quel qu'il soit, des *Philosophumena*, parce que l'un et l'autre sont à peu près muets sur la question que je traite ici.

Diogène Laërce, qui vient après, et à qui, faute de mieux, on est souvent obligé de recourir pour l'histoire de la philosophie grecque, ne mérite par lui-même que très peu de confiance, à cause de son défaut de jugement. Il ne vaut que par les auteurs qu'il cite sans discernement, et dont il faut toujours contrôler les témoignages : car ils n'offrent pas tous les mêmes garanties de savoir et d'impartialité. Dans la question qui nous occupe, il convient de considérer si l'on a affaire à des chronologistes proprement dits, tel qu'Apollodore, ou à des érudits préoccupés, comme Hermippe et Sotion, d'établir ou de conjecturer pour chaque école une succession régulière de maîtres et de disciples. Autant les premiers sont dignes de foi pour des dates qu'ils ont pris à tâche de vérifier, autant les autres sont sujets à caution, quand ils prétendent discerner entre des systèmes et des philosophes antérieurs à Socrate une parenté que Platon, Aristote et Théophraste ne soupçonnaient pas. Rien, en tout cas, dans l'histoire de ces temps reculés, ne saurait prévaloir contre la chronologie ; et, par conséquent, si l'on veut procéder utilement à une classification par écoles des philosophes du vi^e et du ve siècle avant notre ère, il faut d'abord être assuré de connaître le temps et le milieu où chacun d'eux a vécu, les hommes et les circonstances qui ont pu influer sur la direction de sa pensée.

II

LES ORIGINES

On s'est souvent demandé si les Grecs n'auraient pas emprunté à l'Orient leurs idées philosophiques et dans quelle mesure. Ce qui rend cette question obscure et difficile, c'est l'absence de témoignages directs et de renseignements précis. On ne peut sortir d'embarras qu'en distinguant nettement deux choses : d'une part, les origines lointaines et très générales de la pensée grecque, d'autre part, les divers éléments qui, à une certaine époque, ont pu concourir à la formation de tel ou tel système particulier.

En effet, que les anciens Hellènes descendissent d'une ou de plusieurs races venues d'Asie, et de qui ils tenaient les premières semences de leur civilisation et de leurs croyances primitives, c'est ce qu'aucun esprit cultivé ne peut guère aujourd'hui mettre en doute. Ils étaient donc, au moins par là, tributaires de l'Orient.

Mais, s'il s'agit de philosophie proprement dite, il est impossible de méconnaître l'originalité et la puissance d'invention dont le génie hellénique a fait preuve dès ses premiers débuts dans cet ordre de recherches. Le mot même de philosophie désigne une chose inconnue aux Orientaux : la liberté de penser, l'indépendance de la science et, comme on le dirait aujourd'hui, son caractère absolument laïque. On ne doit donc admettre qu'à bon escient et sur des preuves solides l'importation en Grèce de doctrines philosophiques d'origine étrangère.

Il faut d'ailleurs s'entendre sur ce qu'on appelle l'Orient. Quand on parle de philosophie dans les temps reculés qui précédèrent Thalès, il ne peut être question en Asie que de la Chine, de l'Inde ou de l'Égypte. Or il n'existe aucune trace de relations intellectuelles entre la Grèce et la Chine, et si l'on est tenté d'établir un rapprochement entre les idées des Chinois et celles des premiers poëtes grecs sur le rôle du Ciel comme principe des choses, un tel rapprochement aura peu de valeur pour quiconque se rappellera que, dès les temps les plus anciens, les sages de l'Égypte et de l'Inde faisaient de même au Ciel et aux phénomènes célestes une part considérable dans leurs idées sur l'origine et la formation du monde.

L'Inde est, en Orient, le seul pays où la philosophie ait été cultivée avec ampleur et avec originalité ; mais il paraît vraisemblable et il est généralement admis que les Grecs n'ont jamais connu que d'une manière très vague la philosophie sanskrite, et seulement après l'expédition d'Alexandre en Asie.

Reste l'Egypte, qui a été ouverte aux Grecs à partir du règne de Psamméticus (en 656). Les anciens ont beaucoup vanté la sagesse égyptienne, et l'on pourrait supposer que les premiers philosophes grecs puisèrent à cette source, si cette hypothèse n'avait pas contre elle l'opinion assez formelle de Démocrite et de Platon. Démocrite, dans un passage cité par Clément d'Alexandrie (1), atteste qu'avant d'avoir vu les prêtres égyptiens, il savait autant de géométrie que les plus savants d'entre eux. Platon, de son côté, au livre IV de sa *République* (2), refuse aux Egyptiens comme aux Phéniciens l'esprit philosophique, et soutient que ce qui les caractérise surtout, c'est l'amour du gain. Ce témoignage de Platon est comme un démenti opposé d'avance aux légendes accréditées par les platoniciens d'Alexandrie sur les origines orientales de sa philosophie. Ajoutons que, grâce aux patients travaux des égyptologues, les nombreux papyrus qui ont pu être déchiffrés nous permettent de constater par nous-mêmes combien les sujets des Pharaons avaient peu de goût pour les spéculations abstraites. Les tendances mystiques dont témoignent leurs hymnes à la Divinité sont le seul côté par lequel ils ont pu exercer une influence tardive sur la philososophie grecque (3).

D'autre part, on sait, par le témoignage unanime des anciens, que Thalès de Milet est le premier en date de tous

---

(1) *Stromates*, I, 304, A
(2) P. 435 et 436. a.
(3) Voir plus haut (chap. II) mon rapport sur *Les idées morales de l'antique Égypte*.

les philosophes grecs ; et Diogène Laérce, qui ne manque jamais de signaler tous les maîtres et les disciples, réels ou supposés, de chaque philosophe, n'assigne à Thalès lui-même aucun maître, d'accord en cela avec tout le monde.

Thalès n'eut donc point de maître. Est-ce à dire qu'il n'eut point d'antécédent? Aristote est sur ce point plus utile à consulter que tous ses successeurs. Quand il expose au premier livre de la *Métaphysique* les idées par lesquelles Thalès inaugura « la science des premiers principes, » il fait remarquer que « les anciens théologiens paraissent avoir pensé d'une manière analogue παραπλησίως ὑπολαβεῖν (1). »

Plus loin, à propos de ceux qui, comme Parménide, Empédocle et Anaxagore, ont pressenti ou proclamé une cause de l'ordre, il dit qu'Hésiode fut peut-être « le premier qui rechercha une telle cause » (2). Ces indications d'Aristote, rapprochées de son mot célèbre sur l'instruction que les philosophes peuvent puiser dans les mythes (3), me paraissent singulièrement suggestives en ce qui concerne les premières origines de la philosophie grecque. Il nous enseigne en effet, par son exemple, à chercher ces origines non au dehors, mais uniquement dans les traditions et les croyances primitives des Hellènes, transmises plus ou moins fidèlement par les poètes qu'il appelle « les anciens théologiens », et qui furent suivant lui les véritables précurseurs des premiers philosophes.

Le problème se réduit donc ici à observer, dans l'histoire des religions de la Grèce antique (4), l'élaboration

---

(1) *Métaph.*, I, 3, p. 983 *b*, 29-30.
(2) *Ibid.* I, 4, p. 984 *b*, 23.
(3) *Métaph.*, XII, 8 : Φιλόμυθός πως ὁ φιλόσοφος.
(4) Voir surtout le savant ouvrage publié sous ce titre par Alfred Maury (Paris, 1857-1859, 3 vol. in-8º), et dans lequel il a mis à profit les solides travaux de Creuzer, de Guigniault, d'Ottfried Müller et

lente, mais ininterrompue, des idées religieuses importées d'Asie en Europe par les Pélasges.

La philologie comparée a en effet mis en lumière dans notre siècle, avec la parenté des langues issues du sanskrit, celle des races qui les ont parlées, soit les Aryas de l'Inde, soit les Pélasges de la Grèce et de l'Italie. Les notions communes déposées tout d'abord dans leurs idiomes particuliers furent le point de départ et la première matière de leur travail intellectuel; mais nulle part ce travail ne fut aussi original ni aussi puissant que chez les Grecs. Dans leur premier âge, pélasgique et védique, la religion naturaliste des Aryas de l'Inde ne subit que les modifications résultant naturellement des oublis et des migrations.

L'âge suivant est marqué par l'arrivée successive de nombreuses peuplades ou tribus de souche pélasgique, apportant chacune ses usages, ses cérémonies, ses divinités terrestres ou célestes, subordonnées à un dieu suprême, qui était revêtu, comme l'ancien Zeus pélasgique, des mêmes attributs que Varouna et Indra. Puis vient la fusion des quatre grandes races : éolienne, achéenne, ionienne et dorienne. Avec ces races également éprises du beau et de l'harmonie, mais douées aussi d'un merveilleux sens pratique, les vieilles et obscures légendes font place peu à peu à des faits précis, premières lueurs des temps historiques. Aux noms mythiques d'Ellen, d'Ion, d'Éolus, succèdent des noms propres, qui ont bien l'air de désigner de véritables personnalités : Eumolpe, Musée, Linus, etc. Il est certain que quinze siècles environ avant notre ère, des chantres inspirés (ὄνιδαι), poètes et prêtres, en Thessalie d'abord et en Piérie,

---

d'autres éminents philologues, mais en substituant à leur méthode trop exclusivement analytique une méthode d'interprétation historique qui permet de suivre à travers les âges la filiation, sinon le progrès des idées.

puis en Béotie, propagèrent un culte nouveau, le culte des Muses, cortège du dieu dorien Apollon. Orphée est la grande figure de cette époque, je n'ose dire sa personnification, de peur de nuire peut-être à la mémoire d'un puissant promoteur de la culture grecque, en paraissant m'associer à des doutes mal justifiés sur son existence et, en général, à la négation du génie sous sa forme historique par excellence, celle d'une forte et bienfaisante individualité. On risque, en effet, en abusant des mythes en histoire, de confisquer les œuvres et la gloire des grands hommes au profit de masses ignorantes, dont le seul mérite a été d'accueillir, d'admirer et de suivre ces illustres pionniers de la civilisation.

Quoi qu'il en soit d'Orphée en particulier, c'est aux aèdes que la tradition attribue la composition de certains hymnes religieux appelés Νόμοι, sans doute parce qu'ils réglaient dans ses détails le culte du dieu de la mesure et de l'harmonie, Apollon Νόμιμος.

La prise de Troie et la fondation des colonies grecques de l'Asie Mineure fournirent ensuite une riche matière aux aèdes ioniens qui, avant Homère, célébrèrent dans des récits épiques « les exploits des dieux et des héros ».

Homère clôt la période des aèdes et ouvre celle de la grande poésie hellénique, en introduisant l'ordre dans une masse confuse de faits, de légendes et de faits épiques (ἔπη). Mais ce qui doit surtout frapper un philosophe dans les poèmes homériques, c'est la transformation qu'ils attestent dans les idées religieuses des premiers âges. Le chantre de génie qui, vers l'an 1000, composa l'*Iliade* et l'*Odyssée*, ne fit pas seulement sur les chants de ses prédécesseurs un travail analogue (mais combien supérieur !) à celui de l'Arioste sur les rimes des trouvères du moyen âge. Ses deux immortelles épopées marquent une nouvelle et décisive étape de la pensée grecque, en quête de son idéal religieux et poétique. Outre des récits dramatiques du plus grand événement des temps héroïques et une peinture des mœurs de l'âge suivant, on y trouve la mythologie désormais classique du peuple artiste qui, sans rompre avec l'ancien naturalisme, lui a imprimé un tour intellectuel et moral, en lui superposant le plus brillant anthropomorphisme, consacré à la fois par le génie des poètes et par le suffrage de l'imagination populaire.

Ce n'est pourtant pas Homère, c'est Hésiode, venu un siècle plus tard, qu'Aristote appelait de préférence « le théologien (ὁ θεόλογος) ». C'est en effet l'auteur de la *Théogonie* qui a le premier systématisé les idées religieuses propres aux Grecs et prélude à des conceptions philosophiques. Le ciel et la terre étaient seuls à l'origine des choses en Chine et dans l'Inde ; à la terre, principe passif, Hésiode adjoint dans le chaos primitif un principe d'action, l'amour. Son naturalisme symbolique est comme un premier essai d'exégèse. Ajoutez à cela une hiérarchie des divinités déterminée par l'idée de leur naissance, des générations de dieux et de déesses correspondant aux principales phases de l'univers : car dans la *Théogonie*, comme dans *Les Travaux et les Jours*, l'auteur est préoccupé des changements et de leurs lois. Dans le second de ces poèmes, il décrit en moraliste la succession des âges de l'humanité, dans l'autre, c'est par une sorte de physique générale qu'il explique la suite des révolutions cosmiques. Les dieux d'Hésiode sont soumis au même mode de génération que les hommes : c'est pour lui, comme pour Homère, la racine de son anthropomorphisme. Chez tous les deux, Zeus est le Dieu sage qui fait succéder l'ordre au désordre, et de là sans doute est né le proverbe qu'Aristote rappelle si volontiers : « Le meilleur est à la fin. » Avec cette idée d'ordre personnifiée en un dieu suprême qui régit les mouvements et les forces de la nature, la théologie des Grecs est enfin constituée : « Homère et Hésiode, dit expressément Hérodote, ont fixé la religion des Grecs. »

Quelques érudits croient devoir attribuer ce progrès à l'influence des mystères. Mais leurs conjectures ne s'accordent pas avec ce qu'on sait de cet enseignement. Il n'est fait allusion aux mystères ni dans Homère ni même dans Hésiode ; ils paraissent donc être d'une époque plus récente. Peut-être faudrait-il voir dans le mythe hésiodique de Proserpine un de ces thèmes sur la vie future qu'on développa ensuite avec tant de solennité dans les mystères d'Eleusis.

En l'absence de livres sacrés et de toute caste ou classe sacerdotale, l'exposition et la libre interprétation des croyances religieuses rentraient, après comme avant Homère et Hésiode, dans les attributions des poètes : la Grèce n'eut pas d'autres théologiens, circonstance éminemment favorable au développement et à l'émancipation de la pensée. Du IXe au VIIe siècle, des genres nouveaux de poésie furent mis en honneur. A côté des derniers aèdes et des rhapsodes qui leur succédèrent, des poètes dont Tyrtée est le plus fameux composèrent, dans le mètre élégiaque, des hymnes religieux ou guerriers, en attendant les chants de douleur et d'amour de Mimnerme. D'autres, comme Archiloque, pour traduire les diverses passions de l'âme, eurent recours aux iambes et aux mètres variés de la poésie mélique ou lyrique. Tandis qu'à des besoins nouveaux le génie des Hellènes, des Ioniens surtout, adaptait ainsi des formes nouvelles, une longue lignée de poètes épiques, obscurs imitateurs d'Homère et d'Hésiode, continuaient la tradition de ces deux grands poètes, devenus les instituteurs de la Grèce. Les uns, reprenant les récits d'Homère, les poursuivaient jusqu'à la mort d'Ulysse et au delà, jusqu'au temps où ils vivaient eux-mêmes. Les autres essayaient, sur les traces d'Hésiode, de compléter la généalogie des dieux et des déesses par l'histoire de leurs unions avec des mortels. Enfin, de Théognis à Phocylide et à Solon, de nombreux poètes gnomiques déposèrent dans des vers épiques ou élégiaques des conseils de sagesse pratique.

La Grèce comptait alors des sages de plus d'une sorte : d'habiles politiques, renommés pour leur connaissance des hommes, tels que Pittacus et Périandre, Solon, Cléobule et Chilon ; des moralistes, simples particuliers, comme Bias, le Scythe Anacharsis, le Phrygien Ésope ; des hommes inspirés, des théosophes, comme Acusilaus, Epiménide, Phérécyde, Hermotime, et enfin de très rares hommes de science, comme Thalès. La plupart de ces sages n'écrivirent point ; plusieurs de leurs maximes furent inscrites au fronton du temple de Delphes ; on admirait entre autres celles-ci : *Rien de trop ; — Saisis l'occasion ; — Connais-toi toi-même.*

C'est à la fin du VIIe siècle avant notre ère et au commencement du VIe que naquit la philosophie, héritière de tous ces sages et de leurs préceptes pour la conduite raisonnée de la vie, mais héritière aussi et surtout de cette foule de poètes qui, pendant tant de siècles, avaient retracé dans leurs vers, sur la foi de la tradition, les origines, la transformation incessante et les phases successives de l'univers. Quand un homme parut qui, abordant résolument une recherche jusqu'alors inconsciente chez ses compatriotes, entreprit de résoudre le grand problème des origines par la raison et par l'expérience et d'expliquer autrement que par des mythes et des légendes le devenir universel, la philosophie fut enfin fondée. Cet homme fut Thalès, l'un des sept personnages historiques à qui l'admiration de leurs contemporains décerna spécialement le titre de sages. C'est ainsi qu'après tant de créations aussi brillantes qu'originales, l'esprit hellénique, voué d'abord tout entier à la poésie, s'éleva de lui-même et par ses seules forces dans la sphère lumineuse de la réflexion, de la méthode et de la science.

Le même siècle vit paraître les premiers écrivains en prose, historiens ou philosophes, les uns se rattachant immédiatement aux poètes du cycle homérique, les autres à ceux du cycle hésiodique. Les premiers ne furent d'abord que des chroniqueurs et portaient le nom de logographes ;

le nom d'historiens (συγγραφεις, écrivains sachant composer) qui leur fut donné plus tard semble attester qu'ils maniaient avec plus de talent la langue de la vie pratique ; mais les deux plus anciens prosateurs grecs connus, Anaximandre et Phérécyde, appartiennent à la philosophie.

On voit en résumé que, soit pour le fond soit pour la forme, la philosophie grecque ne fut pas une importation du dehors, mais un fruit spontané du génie national. Fidèle à la pensée originale qui lui avait donné naissance, elle s'appliqua jusqu'à Socrate à la recherche à peu près exclusive de la première origine des choses. Tous les philosophes de cette première période, sans distinction de pays ni de race, s'adonnèrent à l'étude de la nature. Tous au début étaient ioniens ; tous furent physiciens, et il n'y a pas lieu, pour le vi^e siècle du moins, de les répartir en plusieurs écoles. Il est donc, semble-t-il, d'une sage méthode de suivre simplement l'ordre des temps, en étudiant d'abord les philosophes du vi^e siècle, puis ceux du ve jusqu'à Socrate, sans briser prématurément l'unité primordiale de cette époque de première formation où une série de libres chercheurs ne connaissent qu'un seul et même problème, celui des origines et — circonstance plus frappante encore, — répondent tous à cette question de la même manière, par l'hypothèse enfantine de l'évolution.

III

LE VIe SIÈCLE

Les deux premiers philosophes grecs dans l'ordre des temps, Thalès et Anaximandre, étaient tous les deux de Milet. Apollodore rapporte la naissance de Thalès à la première année de la 35e Olympiade (640 avant Jésus-Christ), et le même chronologiste dit qu'Anaximandre avait

64 ans dans la seconde année de la 58ᵉ Olympiade, ce qui équivaut à le faire naître en 611.

Thalès et Anaximandre, curieux comme tous leurs contemporains de connaître l'origine des choses, mais la cherchant en philosophes et en physiciens, recoururent à un principe matériel dont le développement aurait produit l'univers. Ce principe, suivant Thalès, était l'eau, ce qui veut dire sans doute que le monde (ou seulement la terre ?) n'était à l'origine qu'une masse liquide. Aristote constate que Thalès fut « le fondateur de cette manière de philosophie (1) » et relève l'analogie de cette hypothèse avec la vieille croyance poétique qui représentait l'Océan et Théthis comme les auteurs de l'univers. Il ne connaît d'ailleurs le système de Thalès que par tradition, ce philosophe n'ayant rien écrit. Il n'en est pas de même d'Anaximandre dont le livre, écrit en prose et achevé en 547, était encore sept siècles après dans les mains d'Apollodore.

Venu trente ans après Thalès, Anaximandre ne put sans doute ignorer les travaux de son illustre compatriote ; mais Aristote n'établit entre eux aucun rapprochement qui autorise à regarder l'un comme le maître ou le disciple de l'autre. Leurs systèmes étaient au fond très différents. L'*Infini* (τὸ ἄπειρον) qui servait de principe à Anaximandre a fait penser tout d'abord au Χαός d'Hésiode ; mais cet Infini était un mélange confus (μῖγμα), fort semblable à cet autre chaos décrit par Ovide et dans lequel se trouvaient pêle-mêle tous les contraires,

Humida cum siccis, sine pondere habentia pondus.

Les éléments de ce mélange n'étaient pourtant pas inertes. Les contraires d'Anaximandre (ἐναντιότητες) étaient pour ainsi dire des forces de la nature, la sécheresse, par

---

(1) Ἀρχηγὸς τοιαύτης φιλοσοφίας. *Métaph.*, I, 3, p. 983 b, 20.

exemple, la chaleur, la pesanteur et leurs contraires. C'est par leur séparation (ἔκκρισις) et par leur libre jeu qu'Anaximandre expliquait la naissance de tous les êtres. Ritter, se fondant sur une indication d'Aristote, a signalé et établi, ce me semble, d'une manière irréfragable une différence assez profonde entre le point de vue d'Anaximandre et celui de Thalès. Ce dernier était évidemment dynamiste, quand il supposait une transformation incessante du premier principe des choses, tandis qu'Anaximandre, en attribuant le débrouillement de son mélange primitif à l'action de ses éléments, semblait se placer au point de vue du mécanisme. Il est vrai que, dans son système, ce mouvement est immanent ; il était donc évolutionniste panthéiste comme Thalès. Tous les deux, de même, étaient matérialistes sans le savoir, personne n'ayant encore opposé l'esprit à la matière. Ils attribuaient naïvement l'intelligence à leur premier principe, et peuplaient leur univers d'âmes et de dieux. Enfin on doit remarquer que, si Anaximandre ne voyait pas dans l'eau, comme Thalès, la première origine du monde, il faisait jouer à cet élément un rôle considérable dans l'évolution des choses visibles ; mais il expliquait par le feu et par l'action du soleil la transformation des espèces vivantes.

Thalès et Anaximandre furent, dans leur temps, les seuls représentants du groupe de philosophes qu'on appelle communément les physiciens d'Ionie. Quant à une école ionienne proprement dite, on la chercherait vainement à cette époque. On verra plus loin ce qu'il faut penser de la tradition qui fait d'Anaximène le disciple d'Anaximandre.

Après Thalès et Anaximandre, nous rencontrons dans le même siècle un troisième philosophe, ionien comme eux et physicien, mais fondateur d'une école qu'Aristote appelle *Italique*, à cause du pays où elle recruta le plus grand nombre de ses adhérents. Pythagore était de Samos. La date de sa naissance est très controversée, mais on peut sans trop de témérité la placer entre 590 et 580 ; car, suivant des indications qui paraissent venir d'Apollodore et qui sont confirmées par Cicéron, il se serait établi à Crotone vers l'an 534, et il serait mort vers l'an 500, ayant de 80 à 90 ans ; il devait donc être né dans la seconde décade du vɪᵉ siècle.

La philosophie de Pythagore, comme celle de ses devanciers, se rattachait à Hésiode et aux anciens théologiens, mais à travers deux ou trois théosophes réformateurs : Acusilaus d'Argos, le Crétois Epiménide, auteur d'un poème intitulé *Théogonie*, et surtout Phérécyde de Scyros, qui avait aussi écrit une *Théogonie*, mais « en brisant le mètre », ainsi que s'exprime Strabon, c'est-à-dire en prose. Une tradition très vraisemblable met Pythagore en relation avec Phérécyde, à qui il emprunta peut-être sa doctrine de la métempsycose ainsi que la première idée du rôle si important attribué au feu dans son système. Aristote estime que ce fut sa prédilection pour les mathématiques qui amena Pythagore à sa théorie des nombres et à la conception de l'unité comme premier principe de toutes choses. Il admettait dans l'homme et dans tous les êtres un principe d'unité et un principe de dualité ou de diversité, la monade et la dyade. Il se représentait l'univers comme un tout harmonieux, animé d'un mouvement circulaire autour d'un feu central, et dont l'harmonie résultait de rapports numériques, de la proportion et de la beauté des figures et d'une combinaison mathématique des contraires. Il employa le premier ces deux mots admirables κόσμος, φιλοσοφία, pour désigner d'une part l'ordre dans l'univers, d'autre part la libre recherche et l'amour de la science. Il est évident, d'ailleurs, que les anciens, frappés de sa grande originalité, ont souvent mis sous son nom les idées de plusieurs générations de Pythagoriciens, jusqu'à Archytas, au milieu du ɪvᵉ siècle.

Si, comme Cicéron l'affirme, Pythagore n'arriva à Crotone qu'au temps de Tarquin le Superbe, c'est-à-dire au plus tôt, en 534, il fuyait sans doute comme le poète Alcée la tyrannie de Polycrate à Samos. Il est très probable qu'avant de s'expatrier à l'âge d'environ 55 ans, il s'était fait connaître comme savant et comme philosophe à Samos et parmi les Ioniens de l'Asie Mineure, témoin Héraclite d'Ephèse et Xénophane de Colophon, qui, dans des fragments parvenus jusqu'à nous, font allusion à ses découvertes en mathématiques et à sa foi dans la transmigration des âmes. On a donc lieu de croire qu'il apporta à Crotone une doctrine toute faite et qu'il enseignait avec autorité. C'est en effet parmi ses disciples que fut inauguré ce mot fameux : « Le maître l'a dit ». Le médecin crotoniate Alcméon fut sans doute un de ses premiers disciples, et peut-être un des membres de l'association philosophique, religieuse, morale et politique fondée par Pythagore dans le double but de propager sa doctrine et de réformer à la fois les idées religieuses, les lois et les mœurs de Crotone et des cités grecques de l'Italie méridionale. Sous l'influence, quelque temps toute puissante, de l'Institut pythagorique, les Crotoniates ayant retrempé leur courage dans une vie plus rude et plus austère, remportèrent une victoire éclatante sur leurs voisins efféminés de Sybaris, dont ils avaient auparavant subi la domination. Le philosophe avait, dit-on, combattu lui-même dans leurs rangs.

Après avoir été l'objet du respect, de la reconnaissance et de l'admiration enthousiaste des habitants de Crotone, Pythagore eut affaire à une réaction démagogique sous laquelle il succomba ou devant laquelle il dut se retirer : car on ne sait ni où ni comment il mourut, quoique Cicéron parle de son séjour à Métaponte, où il se serait exilé.

Xénophane, que les historiens de la philosophie s'accordent à placer après Pythagore, était cependant plus âgé que lui et même qu'Anaximandre, puisque, suivant le triple témoignage d'Apollodore, de Sotion et de Sextus Empiricus il était né dans la quarantième Olympiade, c'est-à-dire vers l'an 415 avant notre ère. Mais il s'inspira certainement des idées de ces deux philosophes. Il vécut d'ailleurs fort longtemps : il se donne lui-même 92 ans dans des vers qui nous ont été conservés (1), et il était, dit-on, plus que centenaire quand il mourut, dans le même temps à peu près que Pythagore.

Xénophane avait écrit, dans le dialecte ionien, des poésies de toutes sortes, élégies, vers épiques, iambes et scolies, avant de se fixer à Élée, où il composa, sur la fin de sa carrière, un poème philosophique dont il nous reste quelques fragments. Dans une de ses poésies légères, il signalait comme l'événement le plus considérable de son temps « l'invasion du Mède (2) », c'est-à-dire d'Harpagus, le lieutenant de Cyrus, qui, après la prise de Sardes, en 547, envahit et subjugua les colonies grecques de l'Asie Mineure. Ce fut, selon toute probabilité, ce qui détermina Xénophane à quitter Colophon et à chercher une autre patrie, d'abord en Sicile, à Zancle, puis en Grande-Grèce, à Crotone, et enfin dans la colonie fondée à Élée par les Phocéens. « C'est dans la soixantième Olympiade (entre 340 et 336) que florissait Xénophane », dit Diogène Laërce, parlant, non de la fleur de l'âge, comme quelques-uns se le sont figuré, mais de la réputation du philosophe octogénaire, qui fondait alors l'école d'Élée, suivant les érudits d'Alexandrie sur lesquels s'appuie le compilateur.

Aristote ne s'exprime pas en termes aussi formels sur l'école de Xénophane. Il se contente de dire qu'il est « le premier de ceux qui ont tout réduit à l'unité (3), puisque

---

(1) *Fragm. philos. græcorum*, édition Mullach (Paris, Didot, 1860), t. I, p. 106, nº 24.

(2) *Ibid.*, p. 104, nº 17.

(3) Mot à mot : « Le premier qui ait unifié ἑνίσας. » *Métaph.*, I, 5, p. 986 b, 21-22.

Parménide passe pour avoir été son disciple. » Dans le même passage, l'auteur de la Métaphysique apprécie assez durement la doctrine de Xénophane. Il dit que « Parménide semble avoir conçu l'unité au point de vue de la forme et de l'essence et Mélissus au point de vue de la matière, mais que Xénophane n'avait rien précisé à cet égard, qu'il avait considéré le ciel (c'est-à-dire le monde) dans son ensemble et appelé Dieu cette unité. » Enfin il déclare « le mettre de côté, ainsi que Mélissus, comme étant l'un et l'autre un peu trop grossiers » (1).

Aristote, préoccupé peut-être de ses quatre principes et en particulier de sa distinction de la matière et de la forme, se montre ici trop sévère, j'ose le dire, pour un penseur original qui, après avoir traversé, en les transformant à son usage, la physique de Thalès et celle d'Anaximandre, ainsi qu'en témoignent les fragments de son poème que nous avons sous les yeux, s'élevant avec Pythagore à des vues plus hautes et faisant avec lui la guerre aux superstitions accréditées par Homère et Hésiode, dénonça le premier en philosophe et avec une vigueur singulière les folies de l'anthropomorphisme. Il ne disait pas seulement : « Homère et Hésiode ont attribué aux dieux tout ce qui est le plus déshonorant parmi les hommes, le vol, l'adultère, la trahison. » Il généralisait cette pensée : « Ce sont les hommes qui semblent avoir fait les dieux et leur avoir donné leurs sentiments, leur voix et leur visage. Si les bœufs et les lions avaient des mains et s'ils savaient peindre, les chevaux se serviraient des chevaux et les bœufs des bœufs pour représenter leurs idées sur les dieux, et ils leur donneraient des corps tels que ceux qu'ils ont eux-mêmes (2). »

Tout en déclarant que « la Divinité ne ressemble aux mortels ni pour la figure ni même pour l'esprit », Xéno-

---

(1) Μικρὸν ἀγροικότεροι (*Ibid.*), p. 936 *b*, 26-27.
(2) *Fragm. philos. græcorum*, t. I, p. 101-102, pp. 5 et 6.

phane lui assignait des attributs moraux, surtout l'intelligence ; mais il résulte des fragments que nous possédons de son poème, ainsi que de l'analyse étendue qu'en avaient donnée Théophraste et Simplicius, et dont le sens nous a été conservé, qu'il insistait spécialement sur l'unité d'un Dieu suprême, « au-dessus des dieux et des hommes » (1). Il la démontrait par des arguments pleins de subtilité, et transformait en une sorte d'antinomie l'opposition, déjà signalée peut être par Pythagore, entre cette unité immuable et la pluralité mobile et changeante des apparences sensibles. On assiste là à la naissance de la métaphysique.

IV

TRANSITION DU VIe AU Ve SIÈCLE

Avec Pythagore et Xénophane, on arrive à la fin du vi^e siècle. Aucun de leurs disciples n'a laissé une trace dans l'histoire avant les premières années du siècle suivant. Après eux il ne reste que deux philosophes connus, Anaximène et Héraclite, qu'on puisse considérer comme ayant vécu dans le même temps. Mais, s'ils n'ont atteint leur maturité, s'ils n'ont écrit et exercé quelque influence qu'à une époque ultérieure, il faut évidemment leur faire une place à part entre le siècle de Solon et celui de Périclès.

Pour Héraclite, il ne peut guère y avoir de doute à cet égard : le seul renseignement incontesté que nous possédions sur le temps où il vivait, c'est qu'il florissait vers la soixante-huitième Olympiade (de 504 à 500 avant J.-C.). Dans les fragments qui nous restent de son livre, il mentionne non seulement Pythagore et Xénophane, mais encore

---

(1) *Ibid.*, p. 101, n° 1.

le logographe Hécatée, qui ne commença à écrire qu'à son retour de voyages qu'il avait entrepris vers l'an 500.

En ce qui concerne Anaximène, un texte d'Apollodore transcrit par Diogène Laërce, nous est parvenu dans un état de mutilation qui le rend inintelligible ; mais il y est fait mention de la prise de Sardes, comme ayant coïncidé avec la naissance, ou avec l'âge mûr, ou avec la mort du philosophe. Or, Suidas, affirme expressément qu'Anaximène naquit l'année de la prise de Sardes par Cyrus, après la défaite de Crésus, c'est-à-dire l'an 547. On est donc fondé à considérer Anaximène comme un contemporain d'Héraclite. Diogène Laërce, il est vrai, en fait un disciple d'Anaximandre. Mais Cicéron, beaucoup mieux informé assurément que Diogène, donne Anaximène pour maître à Anaxagore, ce qui se concilie parfaitement avec la date rapportée par Suidas, mais non avec le dire de Diogène. Ajoutons à cela que la réputation d'Anaximène comme écrivain d'un style très pur dans le dialecte ionien autorise à penser qu'il n'a pas dû précéder de beaucoup Hérodote.

L'ouvrage d'Anaximène ne nous a pas été conservé ; mais ce qu'on connaît de son système confirme les indications précédentes. Il ne cherchait le premier principe des choses ni dans l'eau comme Thalès, ni dans l'infini primitif et indéterminé d'Anaximandre, mais dans l'air, qu'il concevait infini et enveloppant l'univers. Cette conception n'était pas nouvelle : elle se trouvait déjà, quoique au second plan, chez Pythagore et chez Xénophane ; ce qui est propre à Anaximène, ce n'est pas d'avoir ajouté l'idée d'infini à l'idée de l'air : c'est, comme le dit Cicéron, de « l'avoir appelé Dieu », et d'en avoir fait le principe qui, par un double mouvement de concentration et de dilatation, est devenu la terre, l'eau et le feu, lesquels à leur tour ont produit tout le reste. Anaximène admettait en outre la pluralité des dieux ou des mondes, sujets à des alternatives de production et de destruction.

On ne connaît exactement la date de la naissance ni de la mort d'Héraclite ; mais, ainsi que je l'ai déjà fait remarquer, tout le monde admet qu'il florissait au commencement du Vᵉ siècle ; et si, comme il est permis de le croire, il était né vers 540 ou 535, sa mort pourrait être placée de l'an 475 à l'an 470. Il n'eut vraisemblablement aucune relation avec Anaximène, bien loin d'avoir été, comme l'ont supposé des érudits de date récente, son disciple et son successeur dans une école qui, en fait, n'existait pas. Diogène Laërce — chose remarquable — compte Héraclite parmi les « isolés », c'est-à-dire, sans disciple et sans maître. D'un autre côté, Sotion lui donne pour maître Xénophane ; l'auteur des *Philosophumena* le met au nombre des pythagoriciens ; enfin Sextus et Suidas le font disciple d'Hippase de Métaponte, et il y a un passage d'Aristote qui, avec de la bonne volonté, a pu être interprété dans ce sens (1). Mais à quoi bon chercher çà et là un maître à Héraclite ? Ne suffit-il pas de savoir, grâce aux fragments qui nous restent de lui, que, d'une part, il avait lu les écrits de ses devanciers et que, d'autre part, il avait mis à profit les spéculations de Pythagore, de Xénophane et des deux premiers physiciens de Milet ? Il les continua avec son génie propre, en les combinant et en mettant l'accent sur quelques doctrines fondamentales auxquelles son nom demeure attaché et par lesquelles il a pu influer, d'abord sur ses plus illustres successeurs, Parménide et Anaxagore, puis sur Platon et enfin sur les Stoïciens, ses héritiers en physique. Voici, en résumé, quelles étaient ces doctrines.

C'est d'abord l'hypothèse d'un feu primordial pris pour premier principe, et dont l'idée a pu être empruntée, soit à la tradition pythagoricienne en général, soit plus spécia-

---

(1) *Métaph.*, I, 3 : « Hippase et Héraclite d'Éphèse parlent du feu comme principe des corps simples (c'est-à-dire de l'air, de l'eau et de la terre).

lement à Hippase de Métaponte. Mais Héraclite, à la différence de Pythagore, raisonnait ici en physicien plutôt qu'en astronome. Tout, suivant lui, est né de ce feu qui, en s'éteignant ou en se refroidissant, est devenu l'air, l'eau, la terre, les dieux, les démons et les hommes ; et tout retourne au feu en s'échauffant et en s'embrasant.

Le philosophe d'Ephèse s'inspirait encore d'une autre conception pythagoricienne, quand il érigeait en loi de toute naissance et de toute mort la lutte des contraires qui, selon lui, se succèdent et s'engendrent mutuellement, en sorte que toute naissance est une mort et toute mort une naissance : la mort d'un dieu est la naissance d'un homme, et quand l'homme meurt, son âme, rendue au feu, devient un dieu. Héraclite appelait la guerre, dont le nom est masculin en grec (πόλεμος), « le père, le roi et le maître de l'univers ».

Cette lutte féconde des contraires n'a rien de commun avec le dualisme de Zoroastre, auquel on l'a comparée. Il n'y a pas chez Héraclite deux principes, mais un seul, qui sans cesse passe d'un état à l'état contraire. De là des manières de parler qui supposent la coexistence ou l'identité des contraires, ce qui a donné lieu à Aristote de dire qu'Héraclite avait nié le principe de contradiction.

Le premier principe d'Héraclite est souverainement intelligent ; sa pensée pénètre et agit partout, et gouverne l'univers. D'un autre côté, il est absolument un, et lui seul est sans changement. A cette double conception se rattachent, d'une part, des propositions paradoxales sur le néant des choses visibles (« rien n'est, tout devient ; tout s'écroule » ; — « on ne peut s'embarquer deux fois sur le même fleuve », etc.); d'autre part, une opposition radicale entre la « raison commune (κοινός λόγος) », seule infaillible, seule source de la vraie science, et « la sagesse individuelle (ἰδία φρόνησις) », qui, suivant un savant et judicieux commentaire de Sextus Empiricus, n'est autre que le témoignage trompeur des sens. C'est ainsi qu'Héraclite nous apparaît comme ayant opéré une transition de Xénophane, encore si attaché aux sens, à Parménide, qui leur refuse toute créance.

Un sentiment profond et caractéristique de l'imperfection du *devenir* inspirait à Héraclite un grand mépris du multiple, du variable, de l'individuel, de la vie humaine elle-même, si misérable, condamnée qu'elle est à la maladie, à la souffrance, à l'erreur, à la mort. Est-ce même une vie véritable ? Est-ce autre chose qu'une vaine apparence ?

Anaximène et Héraclite ont écrit dans le premier quart du v⁰ siècle, et ils ont contribué à l'éducation philosophique de ce siècle. Cependant ils représentent encore l'esprit du temps où ils ont pris naissance ; ce ne sont pas encore de vrais contemporains de Parménide, d'Empédocle et d'Anaxagore. Qu'il me soit permis d'insister sur la distinction, trop négligée à mon gré, entre ces deux premiers âges de la philosophie grecque. Le siècle de Solon ne diffère pas seulement de celui de Périclès au point de vue social, politique et littéraire ; la différence est plus tranchée encore dans l'ordre des idées.

La philosophie au vi⁰ siècle, par l'organe de ces quatre premiers initiateurs, Thalès et Anaximandre, Pythagore et Xénophane, avait rapporté à un seul principe, conçu très diversement, le devenir universel, la génération des dieux, des hommes et de tous les êtres ; et les révolutions de l'univers, à partir du chaos qui, dans la tradition religieuse et poétique des Hellènes, était au commencement de tout. Imbus de ces idées mythologiques, préoccupés des phénomènes sensibles, uniquement adonnés à la recherche des origines, les philosophes de cette première période s'étaient tous attachés à des hypothèses naturalistes et transformistes ; tous avaient accepté, chacun à sa manière, le polythéisme homérique et l'évolution hésiodique ; mais tous aussi avaient enseigné plus ou moins clairement l'unité d'un premier principe, mal distingué encore de ses manifestations. Quelque confuses, sinon inconscientes, que fussent leurs idées sur ce point, il est incontestable que ce principe immanent de l'univers était, dans leur pensée, éternellement un et vivant. En un mot, le dogme de l'unité du premier principe ou d'un Dieu suprême est la conquête philosophique du vi° siècle.

Il suffit de nommer Anaxagore et Socrate pour faire comprendre ce que le siècle suivant ajouta à cette première notion. L'Intelligence, une seule Intelligence, nettement distinguée du monde et conçue d'abord comme cause motrice et ordonnatrice, puis comme cause conservatrice et providentielle, telle fut l'idée nouvelle apportée par le grand philosophe de Clazomène, et que développa ensuite celui que l'oracle de Delphes proclama de son vivant le plus sage des Grecs. C'était la première inauguration du spiritualisme en philosophie. Ou il faut renoncer à établir des distinctions dans l'histoire des systèmes, ou l'on doit avouer qu'il y a là un de ces événements qui font époque dans les annales de l'esprit humain.

Dans le même temps, soit par réaction contre un dogmatisme nouveau, soit plutôt par un développement simultané de deux idées corrélatives, une théorie originale des éléments du monde visible, l'atomisme de Leucippe et de Démocrite, donnait à l'évolutionnisme traditionnel une forme plus savante. On peut résumer l'œuvre philosophique du v° siècle tout entier dans ce double mouvement d'idées qui mit en lumière et en opposition pour la première fois les notions d'esprit et de matière.

V

LE V⁰ SIÈCLE

Le v⁰ siècle s'ouvre avec la seule école proprement dite de philosophie que lui ait léguée le siècle précédent, celle de Pythagore. C'est ici surtout qu'il importe de se garder des erreurs qu'entraîne l'oubli de la chronologie. Les anciens en général, et Aristote en particulier, nous présentent en bloc les opinions des pythagoriciens, sans trop s'inquiéter de la date où chacun d'eux a vécu, et les érudits qui, dans les temps modernes, ont voulu en faire l'histoire ont presque tous commis cette faute grave de traiter comme appartenant à une même époque les représentants d'une école qui a duré sans interruption depuis la fin du vi⁰ siècle jusqu'au milieu du iv⁰ et même au delà. Or, s'il peut paraître utile de distinguer, comme le fait avec tant de rigueur M. Édouard Zeller, entre la philosophie spéculative de Pythagore et le pythagorisme moral, politique et religieux, qui n'est pourtant pas moins authentique que l'autre, mieux vaudrait encore ne pas exposer pêle-mêle, avec les idées propres à Pythagore, non seulement celles de ses disciples immédiats, mais encore celles d'Epicharme, celles de Philolaus, de Lysis et d'Archytas.

Se borne-t-on même à la première moitié du v⁰ siècle, on y devrait distinguer d'abord une période de persécution qui date au moins de la mort de Pythagore, et pendant laquelle son école se confina dans les mystères, à l'abri du grand nom d'Orphée, à l'état de société secrète et essentiellement mystique, puis une autre phase où, la réaction démocratique ayant abouti presque partout en Grande-Grèce et en Sicile à l'établissement d'une tyrannie, comme celle de Gélon et d'Hiéron à Syracuse, le pythagorisme reparut au grand jour, dans les vers du poète philosophe Epicharme.

Peut-être faut-il rattacher à la période de mysticisme que traversa l'école pythagoricienne le nom et le personnage quelque peu légendaire d'Hermotime de Clazomène, qu'Aristote semble signaler comme ayant précédé et préparé Anaxagore, en proclamant une Intelligence ordonnatrice du monde.

On a déjà fait remarquer que les plus anciens philosophes grecs, d'accord avec les poètes, attribuaient l'intelligence à leur premier principe, mais que, cette intelligence n'étant qu'une forme éminente de l'évolution universelle, ils n'y attachaient pas expressément l'idée d'une causalité distincte et indépendante. Le philosophe qui, suivant Aristote, mit le premier en avant cette notion de cause motrice serait Parménide d'Elée. Voici comment s'exprime l'auteur de la *Métaphysique* : « Tandis que ceux qui admettaient plusieurs éléments se bornaient, avant Anaxagore, à supposer dans le feu une force motrice (1), aucun des partisans de l'unité du Tout n'est arrivé à la conception de la cause dont nous parlons, à l'exception peut-être de Parménide, en tant qu'il ne se contente pas de l'unité, mais pose en quelque sorte deux causes (2). »

Parménide fut-il disciple de Xénophane ? Aristote ne l'admet que comme un on dit (λέγεται), retenu qu'il est par la chronologie, qui s'accorde mal avec cette tradition. Si, en effet, Parménide vint à Athènes vers l'an 450, à l'âge de soixante-cinq ans, comme le rapporte Platon, et si, par

---

(1) *Métaph.*, I, 3, p. 984 *b*, 5 suiv. jusqu'à la fin du chapitre.
(2) *Ibid.*, p. 984 *b*, 1-4. M. Pierron, d'ordinaire si exact, a cru pouvoir traduire : « pose en quelque sorte deux causes *en dehors d'elles*. » Ces derniers mots, ajoutés au texte, faussent la pensée d'Aristote, qui ne parle pas ici de trois causes, mais de deux seulement, l'Unité et l'Amour, principe du mouvement, comme cela est expliqué au chapitre IV du même livre.

conséquent, il était né vers l'an 515, il n'y a pas apparence qu'il ait pu recevoir les leçons du philosophe centenaire qui mourait précisément vers cette date. Mais il était d'Elée ; il ne put ignorer la doctrine que Xénophane avait laissée par écrit, et Aristote relève la ressemblance intime des deux systèmes. Parménide exposa aussi le sien dans un poème dont il nous reste des fragments en assez grand nombre pour donner une idée de sa philosophie, mélange étonnant de métaphysique subtile et même profonde et de physique enfantine et grossière. L'Unité du Tout (τὸ ἕν καὶ τὸ πᾶν) y est affirmée comme chez Xénophane et appuyée sur le raisonnement. C'est l'Etre un, qui seul existe, revêtu d'attributs métaphysiques et qui, chose remarquable, est identifié avec la pensée. Malheureusement cet Etre suprême est en même temps identique au monde ; on l'appelle le plein ; il est fini ; il a la forme d'une sphère dont la terre occupe le centre. Il est immobile, et c'est par un autre principe, l'Amour, que Parménide explique la formation des êtres, avec le concours de la Lumière et de la Nuit, en langage plus précis le chaud et le froid. Le rôle important du feu dans cette cosmogonie était une idée empruntée peut-être aux pythagoriciens, peut-être à Héraclite ; mais il n'est pas douteux que c'est à Héraclite que Parménide devait l'idée d'une opposition fondamentale entre la raison qui nous enseigne l'être par une persuasion légitime (πειθώ) et les sens qui n'atteignent que le non-être et ne procurent qu'une opinion trompeuse (δόξα).

Une tradition que des témoignages ultérieurs confirment donne à Parménide pour disciples immédiats Zénon d'Elée et Mélissus de Samos, qui florissaient l'un et l'autre au milieu du vᵉ siècle. Zénon fut le dialecticien de l'école ; il est resté célèbre par sa polémique contre les partisans de la pluralité et contre la possibilité du mouvement. Quant à Mélissus, il se renferma dans le système de l'Unité prise comme matière du monde, et Aristote (on l'a vu plus haut) parle avec quelque mépris de ce philosophe, qui ne paraît pas avoir exercé une influence très appréciable.

Empédocle fut, au milieu du ve siècle, un personnage vraiment extraordinaire, devin, poète, orateur, médecin et philosophe, physicien et métaphysicien, savant doublé d'un thaumaturge. Né à Agrigente vers l'an 495, il paraît avoir été mêlé activement à la vie politique de son pays. Il y aurait représenté le parti démocratique, aurait été banni et aurait voyagé dans le Péloponèse. Il mourut à soixante ans, suivant Aristote, par conséquent vers l'an 435. Mais nous n'avons sur la cause et les circonstances de sa mort que des récits légendaires et contradictoires.

Quelques auteurs font d'Empédocle un pythagoricien; ils citent de lui un éloge enthousiaste de Pythagore et des vers où il parle de la métempsycose et même de ses existences antérieures : « J'ai été autrefois jeune homme et jeune fille, plante, oiseau et poisson vivant dans la mer. Aujourd'hui exilé de Dieu (φύγας θεόθεν), je vis sous la loi de la folle Discorde (1). » Mais s'il faut rattacher à une école ce mystique aux allures indépendantes, c'est évidemment à celle dont il a professé pour son compte dans un beau poème le dogme fondamental, l'Unité de l'Être ou du Tout, conçu sous forme sphérique, comme chez Parménide. Il combat l'anthropomorphisme aussi vivement que Parménide et Xénophane. « Dieu, dit-il, n'a ni les pieds, ni les mains, ni la tête d'un homme, mais seulement la sainte raison (φρὴν ἱερή) qui embrasse toutes choses dans ses pensées rapides. »

Aristote établit un autre rapprochement entre Empédocle et Parménide. Celui-ci avait introduit un principe d'action dans le monde, l'Amour. « Empédocle, dit Aristote, partagea en deux ce principe, appelant Amitié (2) le

---

(1) *Fragm. phil. græc.*, éd. Mullach (1860), t. I, p. 1, v. 9-12.
(2) Φιλία, φιλότης et aussi Κύπρις Ἀφροδίτη.

principe du bien et du beau, et Discorde (Νεῖκος) le principe du désordre et du mal. » Quant à la matière que ces deux causes motrices mettent en œuvre, « il est le premier qui ait admis quatre éléments, se comportant comme s'ils n'étaient que deux : le feu d'une part (1), et de l'autre les trois éléments opposés, la terre, l'eau et l'air (2) ». Empédocle lui-même reconnaît six principes ou six racines des choses (ῥιξώματα), réunissant sous ce nom l'Amitié, la Discorde et les quatre éléments (3).

Sans entrer dans le détail de la physique d'Empédocle, rappelons sommairement : 1° sa célèbre théorie de l'attraction mutuelle des semblables appliquée d'abord à l'accroissement de chacun des éléments pris à part, puis à la connaissance de chaque élément par un sens dont il est l'organe spécial ; 2° outre l'opposition éléatique de l'être et du non-être, celle de la raison (φρένες) et les sens (γυῖα); 3° le nom de Σφαῖρος donné au monde, quand l'Amitié y a ramené l'ordre et l'harmonie des éléments que la Discorde tenait séparés.

Empédocle est le dernier philosophe que l'on ait à citer ici, puisque, d'après l'indication citée plus haut d'Aristote, il écrivit et mourut avant Anaxagore, « quoiqu'il fût moins âgé ». Anaxagore avait en effet quelques années de plus que lui, étant né la première année de la 50e Olympiade, c'est-à-dire l'an 500 avant l'ère chrétienne, et il lui survécut huit ou dix ans. Il était de Clazomène, où sa naissance et sa fortune semblaient l'appeler à jouer un grand rôle. Mais, dès l'âge de vingt ans, il se donna tout entier à la philosophie avec un absolu désintéressement. Son seul maître connu fut Anaximène. Quant à Hermotime, dont Aristote a placé le nom à côté du sien, on ne

---

(1) Le feu est appelé Ζεύς chez Empédocle comme chez Héraclite.
(2) *Métaph.*, l. I, le chap. IV tout entier, qui est ici résumé.
(3) *Frag. phil. gr.* (éd. Mullach), t. I,

sait ni quand il vécut, ni sous quelle forme il avait émis la pensée qui motivait ce rapprochement, et qu'il ne paraît pas même avoir représentée avec éclat.

C'est chez Anaximandre qu'il faut chercher le véritable point de départ des spéculations philosophiques d'Anaxagore. Il plaçait, comme lui, l'origine des choses dans un mélange primitif. C'est par cette hypothèse que débutait le traité en plusieurs listes où il avait exposé son système et que Simplicius, un millier d'années plus tard, avait encore entre les mains. « Toutes choses étaient ensemble, disait-il, infinies en nombre et en petitesse (1). »

Ce mélange était, comme celui d'Anaximandre, une masse infinie et confuse, dont le débrouillement s'opérait par une séparation des parties. Mais voici qui est nouveau : cette matière première, ce mélange primordial est absolument immobile dans ses parties, comme dans son unité. Quelles sont donc ces parties, ces « choses infinies en nombre et en petitesse »? Anaxagore les appelait, paraît-il, *homéoméries*, ou parties similaires. Ces germes ou « semences des choses (χρημάτων σπέρματα) », étaient simples et indivisibles, bien différents par conséquent des éléments des premiers physiciens et de ceux d'Empédocle qui, dit Aristote, « ne sont ni des choses simples, ni des principes », tandis que les homéoméries sont les éléments simples dont les choses réelles sont actuellement composées : « les os, par exemple, la chair et le sang sont composés d'un nombre infini de petites parcelles d'os, de chair et de sang. » Or, à l'origine, les parties similaires de chaque espèce n'étant pas réunies, leurs qualités se neutralisaient mutuellement et demeuraient « invisibles », c'est-à-dire enveloppées et indistinctes. De là, dans le mélange primitif, l'inertie absolue du tout et des parties. Le mouvement ne pouvait donc s'y produire que par l'intervention de quelque autre

---

(1) Ομοῦ παντα χρήματα ἦν' ἄπειρα τὸν ἀριθμὸν κἀν σμικρότητα.

cause, et c'est ainsi que fut rompue, pour la première fois, dans la pensée philosophique des Grecs, l'unité de la nature. Anaxagore y introduisit en effet, sous le nom d'Esprit, de Raison ou d'Intelligence (Νοῦς), un second principe, infini, simple et sans mélange, indépendant, autonome et automoteur (αὐτοπατὲς καὶ αὐτοκινοῦν), principe actif dont la pensée embrasse l'univers et de qui procèdent le mouvement et l'ordre dans le passé, dans le présent, dans l'avenir (1). Il n'est peut-être pas immobile, comme le premier moteur d'Aristote; peut-être est-il animé lui-même du mouvement circulaire et continu qu'il imprime à un monde où n'existe aucun vide (2). C'est une substance très subtile, peut-être aériforme; mais son activité motrice, intelligente et libre est opposée avec force à l'inertie et à la confusion désordonnée du mélange sur lequel elle agit. En fait, c'est la première fois que l'esprit est distingué de la matière et posé comme un principe transcendant.

L'impression produite par cette pensée originale fut profonde et durable. Les contemporains d'Anaxagore, les uns sérieusement, les autres ironiquement, le surnommèrent lui-même l'Esprit ou l'Intelligence. Ses plus illustres successeurs, Socrate, Platon, Aristote, tout en corrigeant la forme qu'il avait donnée à sa doctrine, en retinrent l'idée essentielle. Platon, à plusieurs reprises, parle d'Anaxagore avec une vive admiration, et l'on connaît le beau témoignage que lui a rendu Aristote dans le premier livre de la *Métaphysique*. « Quand vint un homme, dit-il, qui proclama que, dans la nature comme dans les êtres vivants, c'est la

---

(1) Διεκόσμησε, διακοσμεῖ, διακοσμήσει.

(2) Anaxagore, il faut le remarquer, s'efforçait de démontrer que le vide n'existe pas. Il pensait sans doute que le mouvement circulaire est compatible avec le plein absolu. On peut voir dans la *Logique* de Port-Royal (III⁰ partie, chap. XIX, § IV) le développement de cette pensée, qui parut avoir été aussi celle de Descartes.

raison qui produit l'arrangement et l'ordre universel, cet homme parut jouir seul de son bon sens, au milieu de gens qui parlaient à tort et à travers. »

Anaxagore avait quarante ans lorsqu'il vint à Athènes l'an 460 avant notre ère, suivant les calculs d'Apollodore rapportés par Diogène Laërce, dans un passage dont le savant Schaubach a déterminé d'une manière définitive le véritable sens. C'était le moment où la patrie de Miltiade et de Thémistocle atteignait sous Périclès son plus haut point de splendeur. Tandis que ce grand politique lui assurait pour quelques années l'hégémonie des villes grecques, les poètes, les artistes, les philosophes, les écrivains de génie en tout genre qui s'y donnaient rendez-vous en faisaient pour des siècles la capitale intellectuelle du monde civilisé. Anaxagore, pour sa part, y contribua peut-être plus que personne. Pendant les trente années qu'il vécut à Athènes, dans l'intimité de Périclès, dont il s'était fait un disciple, ainsi que du poète Euripide et du physicien Archélaüs, il exerça sur ses contemporains une influence considérable. Outre les idées alors si neuves que je viens de rappeler, il représentait pour eux d'une manière éminente la science de la nature en général et surtout l'astronomie, qui était son étude de prédilection. Il s'y était appliqué avec une liberté d'esprit inconnue jusque-là. Non content d'expliquer scientifiquement les éclipses de soleil dont s'effrayait l'imagination populaire, il dépouillait le soleil et la lune de leur prétendue divinité, disant de l'un que c'était une pierre incandescente, et faisant de l'autre une terre semblable à la nôtre et habitée par des hommes tels que nous. Ces hardiesses le firent accuser d'impiété, et il lui en eût coûté la vie, sans la généreuse intervention de Périclès, déclarant publiquement qu'il partageait la manière de voir du philosophe. Condamné néanmoins à une amende et à l'exil, Anaxagore se retira à Lampsaque, où il mourut deux ans après, en 428. Il fut, je crois, le premier des cinq ou six

libres penseurs sur lesquels, dans le dernier tiers du
v⁰ siècle, s'exerça l'intolérance religieuse des Athéniens :
Hippon, Protagoras et Diagoras, Prodicus, Socrate et peut-
être Diogène d'Apollonie.

A Athènes et à Lampsaque, Anaxagore fit école. Aristote
parle plus d'une fois des Anaxagoréens (Ἀναξαγορεῖοι), presque
tous antérieurs à Socrate. Mais peut-être convient-il de
mentionner d'abord les partisans des anciens systèmes qui
ne paraissent pas avoir subi l'ascendant du philosophe de
Clazomène.

Quoique la date d'Hippon ne soit pas parfaitement
connue, on sait qu'il vécut du temps de Périclès, qu'il sé-
journa à Athènes et qu'il fut en butte aux railleries du
poète Cratinus dans une de ses comédies. Il avait écrit en
vers, mais sans grand talent, paraît-il, et Aristote parle de
sa philosophie avec peu d'estime. Il faisait tout venir de
l'eau ou de l'humide. Il fut accusé d'impiété et même
d'athéisme, au dire de Plutarque et d'Alexandre d'Aphro-
dise.

Critias, de même qu'Hippon, était un partisan attardé de
Thalès, et ne paraît pas avoir eu d'autre originalité.

Idée (Ἰδαῖος) d'Himère est cité par Sextus parmi ceux qui,
à l'exemple d'Anaximène, regardaient l'air comme l'élément primitif. On n'en sait guère autre chose.

Cratyle est plus connu : il se rattachait à Héraclite, dont il
outrait les paradoxes sur l'écoulement de toutes choses. Il
fut le premier maître de Platon, et c'est lui qui lui inculqua
le mépris des apparences sensibles et ce préjugé qu'on n'en
peut rien dire avec certitude.

Au premier rang des pythagoriciens de la troisième génération, dispersés dans le monde grec, nous rencontrons
Philolaüs de Tarente, qui philosophait à Thèbes, et qui y
mourut vers l'an 420, à moins que, comme le rapporte une
autre tradition, il ne soit retourné à cette époque dans sa
patrie. Il fut le premier, dit-on, qui mit par écrit les doc-

trines de l'école. Platon, sur la fin de sa vie, prit connaissance du livre de Philolaüs, et, si l'on en croit une tradition rapportée par Plutarque, et un propos que le même écrivain attribue à Théophraste, cette lecture l'aurait amené à modifier profondément ses idées en astronomie (1). Un fait qui paraît mieux prouvé, c'est que deux Thébains, anciens disciples de Philolaüs et plus tard chefs d'école à Thèbes, Simmius et Cébès, vinrent à Athènes de l'an 420 à 410, et s'attachèrent à Socrate jusqu'à sa mort. Platon, dans le *Phédon*, leur fait prendre une part importante au dernier entretien du philosophe le jour où il but la ciguë.

Les fragments qui nous restent du livre de Philolaüs sont la principale source et la plus sûre pour savoir ce qu'était, vers la fin du ve siècle, la doctrine de l'école pythagoricienne ; mais il est très difficile d'y faire exactement la part des disciples et celle du maître.

Lysis, compatriote de Philolaüs et qui vécut aussi à Thèbes, appartient déjà à une autre génération, puisqu'il fut le précepteur d'Épaminondas.

Anaxagore eut à Athènes et à Lampsaque un grand nombre d'admirateurs et de disciples, parmi lesquels j'ai déjà cité Périclès et Euripide. Socrate fut accusé de l'être, et si, dans son *Apologie*, il put à bon droit s'en défendre, en ce qui concernait le culte du Soleil et de la Lune, il est difficile de ne pas voir dans sa doctrine philosophique une continuation de celle d'Anaxagore. Les philosophes de la seconde moitié du ve siècle en subirent presque tous l'influence.

---

(1) V. Cousin, dans la dernière édition de son *Histoire générale de la philosophie* (IIIe leçon, p. 143), a peut-être accordé trop de confiance à ce récit d'origine pythagoricienne et de date relativement récente. Platon, à quatre-vingt-un ans, à la veille de sa mort, exprimait encore dans les *Lois* et dans l'*Éprinomis* les mêmes idées astronomiques que dans la *République* et le *Timée*.

Pour les érudits d'Alexandrie, Archélaüs d'Athènes est en quelque sorte le successeur attitré d'Anaxagore dans l'école ionienne. Diogène Laërce prétend de plus qu'il fut le maître de Socrate, complétant ainsi à sa manière l'histoire convenue de cette école ; à quoi il ajoute cette assertion absolument inepte : « Avec Archélaüs finit la physique, Socrate ayant fondé la morale. ». Cependant, dit-il encore, « Archélaüs avait touché à la morale, etc. » Cette dernière indication n'a aucune valeur : car ce n'est pas là certainement que Socrate prit sa doctrine du bien et du devoir. Il est d'ailleurs fort douteux qu'il ait approuvé les idées transformistes d'Archélaüs. Le surnom de physicien qui fut donné à ce philosophe pourrait prêter à un rapprochement avec Straton de Lampsaque, ainsi surnommé lui-même, et qui aurait été plus tard à Aristote ce qu'Archélaüs fut peut-être à Anaxagore, dont il n'aurait pas non plus maintenu dans son intégrité la pensée métaphysique. Au moins dit-on que, sous l'influence encore persistante d'Anaximène, il se représentait le premier principe comme aériforme. Aristote ne lui a pas fait l'honneur d'une mention, et nous ne possédons plus la notice que Théophraste lui avait consacrée.

Métrodore de Lampsaque est rangé souvent parmi les sophistes, et il est possible après tout que sa grande liberté d'esprit en matière religieuse ait été son seul trait de parenté avec Anaxagore. L'influence de ce grand esprit me paraît plus marquée dans les doctrines de ceux de ses contemporains dont il me reste à parler.

Le pythagoricien Ecphante de Syracuse, par exemple, semble avoir essayé de concilier la philosophie de Pythagore avec les idées plus modernes d'Anaxagore et de Leucippe. Il faisait intervenir dans sa physique des monades élémentaires et indivisibles. Il se séparait d'Anaxagore sur la question du plein et du vide ; mais il était d'accord avec lui pour démontrer l'unité du monde par l'unité de l'Intelligence à laquelle il rapportait le mouvement initial et la formation de l'univers.

Diogène d'Apollonie, d'après la plupart des historiens de la philosophie, aurait été un disciple immédiat d'Anaximène ; il aurait précédé Anaxagore et même Héraclite. Or, il y a là une erreur manifeste. Théophraste, dans un texte conservé par Simplicius, dit en termes formels : « Diogène d'Apollonie est à peu près le dernier en date (νεώτατος) des physiciens ; il mit par écrit en compilateur (συμπεφορημένως) des opinions empruntées pour la plupart, les unes à Anaxagore, les autres à Leucippe. »

Les quelques fragments qui nous restent de l'ouvrage de Diogène d'Apollonie et les témoignages des anciens touchant sa doctrine ne nous font pas connaître clairement ce qu'il a pu emprunter à Leucippe ; mais, en revanche, il est aisé de constater ce qu'il devait à Anaxagore. MM. Charles Zévort et Ed. Zeller ont en effet très judicieusement remarqué que la doctrine de Diogène sur le premier principe du mouvement et de l'ordre n'était autre chose qu'un compromis entre l'air d'Anaximène et le Νοῦς d'Anaxagore. Celui de ses fragments qui porte le n° 6 dans l'édition de Müllach est tout à fait significatif : il y est dit qu'il faut une Intelligence pour rendre compte de l'ordre dans l'univers. Seulement, pour concilier cette pensée d'Anaxagore avec le système d'Anaximène, Diogène attribuait l'Intelligence à l'air, principe matériel et complexe, sacrifiant ainsi la simplicité qu'Anaxagore revendiquait pour la Raison suprême, et reculant vers le panthéisme des physiciens du premier âge. Diogène d'Apollonie avait donc fait comme Archélaüs : il avait suivi Anaxagore sans démêler le sens et la portée de sa doctrine. Au moins eut-il le mérite de braver l'intolérance des Athéniens, en rejetant les dieux de la mythologie populaire. Il fut inquiété à son tour, et, suivant un témoignage de Démétrius de Phalère, rapporté par Diogène Laërce, il y faillit perdre la vie.

Avant d'arriver aux sophistes contemporains de Socrate, il est intéressant à la fois et indispensable de fixer la date des fondateurs de l'atomisme. Pour Démocrite, rien n'est plus facile. Lui-même, dans un passage reproduit par Simplicius (1), nous apprend qu'il était né quarante ans après Anaxagore (c'est-à-dire en 460 ou 459 avant notre ère). Il est donc tout à fait absurde de parler des emprunts que lui aurait faits ce philosophe. Pour Leucippe, la question n'est pas aussi simple, et l'on n'en saurait contester l'importance. Si le maître de Démocrite, si le philosophe qui passe pour l'inventeur des atomes n'est venu qu'après l'inventeur des homéoméries, il y a lieu de douter qu'il ait eu réellement toute l'originalité qui lui a été attribuée. Si, au contraire, il fut un de ceux dont Anaxagore put mettre à profit les écrits ou les entretiens, il faudrait avouer que le philosophe de Clazomène, mis en présence de la théorie des atomes, aurait méconnu la valeur scientifique de cette hypothèse, et lui aurait préféré sciemment une conception originale aussi, mais moins satisfaisante, et dont le véritable mérite a été probablement, si je ne me trompe, de servir de transition entre les explications allégoriques d'Empédocle et la doctrine atomistique.

Constatons d'abord le peu d'intérêt que les anciens, en général, ont pris à la personne et aux travaux de Leucippe. Ils ne disent rien de sa naissance ni de sa mort, ne s'accordent pas sur son lieu d'origine, et ne le connaissent guère que par tradition, comme le maître de Démocrite. Epicure, chose curieuse, ne paraît pas en avoir fait grand cas ; il parle d'un certain Leucippe, Λεύκιππόν τινα, qu'on a tort d'appeler un philosophe (1). On ne sait à quelle

---

(1) Diogène Laërce (IX, 3) ajoute à ce témoignage de Démocrite celui d'Apollodore.

(1) Voir Diogène Laërce (X, 3). Ce ton de mépris a empêché M. Victor Egger, dans sa très savante dissertation *De fontibus Diogenis Laerti.* (Burdigalæ, 1881, in-8º), p. 19, de reconnaître ici le maître de Démocrite.

époque il a écrit, ni même s'il a publié ses idées personnelles. Aristote ne connaît, sous son nom, qu'un ouvrage dont l'authenticité ne lui est pas évidente. Diogène Laërce croit qu'il était d'Elée; mais il ajoute que, suivant quelques-uns, il était né à Abdère, et suivant d'autres, à Milet. Il lui donne pour maître Zénon d'Elée ou Mélissus. Or, un disciple de l'un ou de l'autre de ces deux philosophes, qui florissaient tous les deux de 450 à 440, n'a pu être que postérieur à Anaxagore qui, pendant trente ans, à partir de 460, était sans rival à Athènes, comme savant et comme philosophe. Il n'est dit nulle part que Leucippe soit venu à Athènes avant l'époque où Anaxagore, ayant publié (probablement de 440 à 430) son ouvrage sur la nature, fut poursuivi et condamné à l'exil à cause des opinions qu'il y avait exposées.

Une considération très digne de remarque, à mon avis, c'est que Leucippe ne devait pas être beaucoup plus âgé que Démocrite, à en juger par la manière dont on les rapproche sans cesse l'un de l'autre. Aristote surtout ne désigne pas seulement Démocrite comme le disciple ou l'ami (ἑταῖρος) de Leucippe, mais encore comme son collaborateur dans le développement, sinon dans la fondation de la philosophie atomistique. Les opinions de l'un sont aussi attribuées à l'autre, en sorte que le plus souvent il est à peu près impossible de faire la part de Leucippe (1). Voici d'ailleurs ce qu'on croit pouvoir dire de ses doctrines propres.

Il paraît bien être parti de l'idée éléatique de l'être ou du plein, qui est corporel et opposé à l'absence de corps, c'est-à-dire au vide. Mais il se séparait des Eléates, en ce qu'il admettait l'existence de la pluralité et celle du mouvement, avec le vide qui en est la condition.

Il y avait chez les philosophes grecs, au moment où parut

(1) C'est ce que M. Ed. Zeller lui-même reconnaît expressément.

Leucippe, quatre hypothèses principales sur l'origine de la pluralité et du mouvement : 1° celle de Thalès et de la plupart des physiciens évolutionnistes, qui admettaient la transformation spontanée du premier principe ou élément primitif de toutes choses ; 2° le mélange primordial d'Anaximandre dont les parties, en se séparant peu à peu, produisaient la diversité au sein du Tout, demeuré immobile ; 3° les quatre éléments d'Empédocle, tour à tour séparés par la Discorde et réunis par l'Amour ; 4° enfin, les homéoméries d'Anaxagore, infinies en nombre et en petitesse, condamnées à une immobilité absolue dans leur confusion primitive, mises ensuite en mouvement et coordonnées par une intelligence toute-puissante.

C'est à cette dernière conception des éléments simples du monde visible que Leucippe donna la préférence, mais en assignant pour cause au mouvement universel, au lieu de l'action d'une intelligence, la chute dans le vide ou la pesanteur, propriété toute physique de corps infiniment petits qu'il appelait les *insécables* (ἄτομοι). Or, suivant Simplicius, qui avait sous les yeux le texte d'Anaxagore, les parties « infinies en petitesse » de ce philosophe étaient « indivisibles, indestructibles, *insécables* (ἀδιαίρετα, ἄφθαρτα, ἄτομα) ». La première idée des atomes, sous leur nom propre, semble donc avoir été émise par Anaxagore.

Outre ce principe fondamental, d'où a été déduit tout le système de l'atomisme, on peut citer d'autres emprunts, tels que l'hypothèse d'un mouvement tourbillonnant (δίνη) qui, par sa vitesse acquise et sa rapidité extraordinaire, a allumé dans les espaces célestes ces sphères brillantes adorées par le vulgaire comme des divinités. Mais, tandis qu'Anaxagore inaugurait le dualisme spiritualiste, en plaçant au-dessus de la nature une cause intelligente, Leucippe et Démocrite, se renfermant dans le cercle des phénomènes sensibles, fondèrent en Grèce le premier système de matérialisme proprement dit.

Quand ce système fut réellement constitué, il y avait déjà longtemps que la grande renommée d'Anaxagore attirait autour de lui des savants désireux de le voir et de l'entendre, témoin Démocrite lui-même qui, dans un passage de son *Micros Diacosmos*, se plaignait amèrement de n'avoir pu l'entretenir, quand il vint à Athènes, dans sa jeunesse (1). L'ouvrage d'Anaxagore paraissait alors même, et aucun témoignage, aucun document n'autorise à supposer une publication de Leucippe antérieure à celle-là. A vrai dire, il n'est pas même vraisemblable que la philosophie atomistique ait été connue en Grèce, avant que Démocrite y eût été initié par Leucippe.

M. Edouard Zeller explique en « partie », et non sans raison, par l'influence d'Anaxagore, l'apparition des sophistes ; mais peut-être ce savant et subtil penseur va-t-il trop loin, quand il cherche dans la doctrine du Νοῦς le point de départ de ce qu'il appelle « leur scepticisme moral ». Aussi bien avoue-t-il lui-même que la sophistique « ne dérive pas de là directement », et que, à l'exception de Protagoras « on ne peut citer aucun sophiste qui se rattache par sa doctrine au philosophe de Clazomène (2) ». C'est donc d'une autre manière et dans un autre sens que la sophistique procède « en partie » de ce philosophe.

Les sophistes, on le sait, furent moins des chercheurs originaux que des vulgarisateurs. L'élan imprimé sous Périclès, non seulement aux lettres et aux arts, mais encore à la culture philosophique et scientifique, avait naturellement multiplié, à Athènes et dans toute la Grèce, le nombre des maîtres habiles en tout genre d'études et de sciences. A côté des rhéteurs, qui préparaient les jeunes gens riches à la carrière politique par le talent de la

---

(1) Diogène Laërce, l. IX, chap. III.
(2) *La philosophie des Grecs*, 1ʳᵉ partie, ch. III, § 3, pp. 460, 461 de la traduction française.

parole, d'autres enseignèrent avec succès les idées et les connaissances dont Anaxagore avait donné le goût à la jeunesse d'Athènes. Aucun de ces maîtres n'apportait une philosophie nouvelle ; mais quelques-uns donnaient à leur pensée une forme paradoxale. Protagoras, par exemple, exagérant une doctrine d'Héraclite, disait que tout est relatif, et que, dans ce sens, tout est vrai, tandis que Gorgias, sorti de l'école d'Elée, soutenait que l'être n'est pas et que, par conséquent, rien n'est vrai (1). Avec eux ou après eux, Hippias, Prodicus, Thrasymaque, Polus, une foule d'autres, qui recevaient ou se donnaient à eux-mêmes le nom de sophistes (2), allaient de ville en ville, donnant sur toutes les parties de la science universelle des leçons ou des conférences (ἐπιδείξεις), dont le prix était souvent très élevé. Aucun d'eux ne montra, en physique ou en métaphysique, la moindre originalité. La dialectique est presque la seule partie de la philosophie où ils aient laissé une trace. Parmi ceux qui traitaient des questions de morale, Prodicus de Céos se plaça au premier rang. Socrate, grâce à son ami, le riche Criton, fut admis à l'entendre, et Xénophon, dans ses *Mémorables*, prête à son maître une imitation de l'admirable apologue de Prodicus, Hercule, entre le Vice et la Vertu. Socrate, suivant Platon, protesta contre la mort injuste de cet honnête homme, condamné par les Athéniens à boire la ciguë.

Socrate doit être placé dans l'ordre chronologique après tous les philosophes qu'on a énumérés jusqu'ici, un seul excepté, Démocrite, qui naquit dix ans après lui, en 459, et qui paraît lui avoir survécu environ quarante ans. Les

---

(1) Protagoras d'Abdéra, né en 480, se place par sa date entre Anaxagore et Démocrite. Gorgias était plus âgé que lui, mais ne vint à Athènes pour la première fois qu'en 427..

(2) Σοφιστης, d'après l'étymologie donnée par Platon, signifie « celui qui fait des savants ».

disciples seuls de Socrate purent connaître les écrits et la philosophie de Démocrite, et en subir ou en combattre l'influence. Aristippe, par exemple, dont la doctrine morale est si voisine de la sienne, et Platon qui, en parlant dans le *Sophiste* (1) des matérialistes de son temps, vise assez clairement, ce me semble, Démocrite et ses partisans.

VI

CONCLUSION

Si l'étude qui précède reproduit fidèlement, comme je le crois, l'ordre dans lequel se sont succédé les philosophes de la période anté-socratique, il en résulte premièrement que les faits et les dates ne se prêtent en aucune façon à l'hypothèse d'une opposition initiale entre des écoles exprimant le génie de races différentes. Dans le premier des deux siècles qui précèdent Socrate, la philosophie fut fondée en Grèce par quatre esprits originaux dont les doctrines ne s'excluaient pas et qui appartenaient tous les quatre à la race ionienne. Dans le Ve siècle seulement, chez les disciples ou les successeurs de ces quatre premiers philosophes, les différences s'accusèrent plus ou moins profondément entre leurs systèmes.

En second lieu, lorsque sous Périclès Athènes fut devenue le centre intellectuel du monde grec, et qu'Anaxagore y eut implanté la philosophie, c'est autour de ce grand homme et sous son influence prépondérante que se fit le mouvement des esprits dans ce domaine. Ce rôle considé-

---

(1) Voir surtout, dans ce dialogue, la page 246, *a. b.*, cf. *Théétète*, p. 155 b. Thrasylle aussi croyait reconnaître Démocrite dans un des personnages du petit dialogue qui a pour titre les *Rivaux*. Cf. *Diog. Laërce*, IX, 3.

rable d'Anaxagore ne me paraît pas avoir été mis jusqu'à présent en une pleine lumière : il marque réellement le point culminant de la philosophie de son siècle, et c'est de lui que daterait la révolution dite socratique, si, après avoir le premier proclamé une Raison suprême, cause toute-puissante du mouvement et de l'ordre, il n'avait pas laissé à Socrate la gloire de couronner cette conquête de la métaphysique par une doctrine qui ferait enfin à l'homme sa part et subordonnerait toutes choses à l'idée du Bien. Pour s'être élevé au-dessus de tous ses devanciers, Anaxagore n'en fut pas moins comme eux un physicien, voué à la recherche des origines, étranger encore par ses préoccupations scientifiques à la philosophie humaine de l'âge suivant. Voilà pourquoi il est demeuré dans l'histoire un des représentants de la philosophie cosmologique. Mais il en a été, à mon avis, le plus grand, par une science déjà très remarquable des lois du mouvement et de la marche des astres, en même temps que par sa doctrine sur l'ordre du monde. Platon, par la bouche de Socrate, lui reproche, comme plus tard Pascal à Descartes, de n'avoir fait intervenir l'Intelligence suprême que pour donner en quelque sorte à la matière une chiquenaude, après laquelle tout peut s'expliquer sans le secours de la cause première. Ce reproche ne vaut pas plus contre Anaxagore que contre Descartes, puisque, comme on l'a vu plus haut, il affirmait l'éternelle continuité de l'action divine, « dans le passé, dans le présent et dans l'avenir ».

Peut-être même n'est-ce pas dire assez. Si l'accusation d'impiété dont il fut poursuivi était motivée par son refus de croire aux divinités mythologiques et même à ces dieux célestes que reconnaissaient encore les stoïciens après Platon et Aristote, peut-être devrait-on saluer dans Anaxagore le premier et le seul philosophe grec qui, avant l'avènement du christianisme, ait fait profession d'un monothéisme spiritualiste.

Sans aller jusque-là, Socrate continua cependant et dépassa même Anaxagore dans sa manière de concevoir la cause intelligente par laquelle, à son exemple, il expliquait l'ordre du monde. C'est que chez lui le physicien avait fait place à un moraliste. Il ne partait plus seulement du spectacle de la nature, mais aussi et surtout de l'étude de l'homme, pour s'élever à un Dieu juste et sage, essentiellement ami du Bien, législateur suprême, auteur de la loi non écrite qu'il nous révèle dans nos consciences ; et c'est par une métaphysique fondée sur cette pensée morale qu'il renouvela la philosophie. En effet le *Connais-toi toi-même*, dans son sens profond, avait pour but, d'abord d'inviter les philosophes à contempler le divin en eux-mêmes, dans une âme raisonnable, divine, immortelle, et ensuite de substituer à la recherche, trop ambitieuse peut-être, des origines la détermination de la vraie nature et de l'essence des êtres. Ce problème du τί ἐστι ou de l'essence, qui devait être si fortement conçu par Platon et Aristote, devint à partir de Socrate le principal, sinon l'unique objet de la philosophie grecque. Ce fut là proprement la révolution qui mit fin à la période cosmologique.

Orléans. — Imprimerie P. Pigelet

www.ingramcontent.com/pod-product-compliance
Lightning Source LLC
LaVergne TN
LVHW022159080426
835511LV00008B/1466